THIS BOOK IS FOR

______________________

AND WAS WRITTEN BY

______________________

# 52 SIMPLE REASONS WHY I LOVE YOU

(WRITTEN BY ME)

**52 SIMPLE REASONS WHY I LOVE YOU (Written by Me)**
**edited by Jim Erskine**



**Rolling Donut Press**
PO Box 1187
Canmer, KY 42722

**www.RollingDonutPress.com**

I LOVE YOU BECAUSE
YOU THINK I'M

______________

I LOVE YOU BECAUSE
YOU ARE SUCH A

_____________

I LOVE YOU BECAUSE
YOU HAVE AMAZING

______________

I LOVE YOU BECAUSE
YOU HAVE A

_______________

SPIRIT.

I LOVE YOU BECAUSE
YOU DON'T MIND GETTING

______________

I LOVE YOU BECAUSE
YOU HAVE A SOFT SPOT
IN YOUR HEART FOR

______________

I LOVE YOU BECAUSE
YOU DON'T MIND MY

______________

I LOVE YOU BECAUSE
YOU MAKE ME FEEL
LIKE I AM

_______________

I LOVE YOU BECAUSE
OF THAT TIME WHEN YOU

______________

I LOVE YOU BECAUSE
YOU ARE REALLY, REALLY GOOD AT

______________

I LOVE YOU BECAUSE
YOU ARE WILLING TO
FIGHT FOR

_______________

I LOVE YOU BECAUSE
YOU ALWAYS REMEMBER

_______________

I LOVE YOU BECAUSE
YOU ENJOY

_______________

I LOVE YOU BECAUSE
WE SHARE THE SAME

________________

I LOVE YOU BECAUSE
YOU HAVE A WAY WITH

_______________

I LOVE YOU BECAUSE
YOU ARE PATIENT WHEN I

______________

I LOVE YOU BECAUSE
YOU KNOW HOW TO

_______________

WHEN I NEED IT.

I LOVE YOU BECAUSE
I CAN TRUST YOU TO

______________

I LOVE YOU BECAUSE
IT THRILLS ME WHEN YOU

_______________

I LOVE YOU BECAUSE
YOU ARE AMAZINGLY
TALENTED AT

_______________

I LOVE YOU BECAUSE
YOU FORGIVE ME WHEN I

_______________

I LOVE YOU BECAUSE
YOUR KISSES ARE LIKE

______________

I LOVE YOU BECAUSE
YOU ACTUALLY ENJOY
MY SILLY

_______________

I LOVE YOU BECAUSE
YOU KNOW HOW TO MAKE ME

______________

I LOVE HOW YOU ARE NOT

______________

# I LOVE WHEN YOU WHISPER

I LOVE HOW YOU INSPIRE ME TO

______________

I LOVE YOU BECAUSE YOU RESPECT

______________

I LOVE YOU BECAUSE
WHEN I TALK TO YOU

______________

I LOVE YOUR CRAZY WAY OF

______________

I LOVE YOU BECAUSE
WE BOTH LIKE TO LAUGH ABOUT

______________

I LOVE TO LISTEN TO YOU TALK ABOUT

_______________

I LOVE YOU BECAUSE
YOU HAVE SUCH STRONG

______________

I LOVE YOU BECAUSE
YOU TREAT ME LIKE A

_______________

I LOVE YOU BECAUSE
YOU LIKE MY FAVORITE

______________

I LOVE YOU BECAUSE
WHEN I NEED YOU

______________

I LOVE YOU BECAUSE YOU NEVER

______________

I LOVE YOU BECAUSE
OF THE WAY YOU TREAT

______________

I LOVE YOU BECAUSE
WE ALWAYS HAVE
SUCH A GOOD TIME
WHEN WE

______________

I LOVE YOU BECAUSE
YOU ARE USUALLY
RIGHT ABOUT

______________

I LOVE YOU BECAUSE
YOU CARE ABOUT

______________

I LOVE YOU BECAUSE
WHEN YOU LOOK INTO
MY EYES I WANT TO

_______________

I LOVE YOU BECAUSE
WHEN I'M DOWN, YOU

______________

I LOVE YOU BECAUSE
WE SHARE A PASSION FOR

______________

I LOVE IT WHEN
YOU TELL ME

_______________

I LOVE YOU BECAUSE YOU DON'T LIKE

______________

I LOVE YOU BECAUSE
YOU STAND FOR

_______________

I LOVE YOU BECAUSE
YOU ARE WILLING TO

_______________

I LOVE YOU BECAUSE
WE BOTH AGREE THAT

_______________

I LOVE YOU BECAUSE YOU HAVE ADORABLE

______________

I LOVE YOU BECAUSE
WHEN WE ARE WITH OTHERS

______________

I LOVE YOU BECAUSE
YOU ARE ALWAYS
THOUGHTFUL ABOUT

______________

I LOVE YOU BECAUSE
YOU THINK MY

______________

IS AWESOME.

I LOVE YOU BECAUSE TOGETHER WE CAN ALWAYS

________________

I COULD SAY A LOT MORE,
THIS IS ONLY A START.
SIMPLY KNOW
THAT I LOVE YOU,
WITH ALL OF MY HEART.

www.RollingDonutPress.com

Manufactured by Amazon.ca
Bolton, ON